AF339950

# DEUX ÉCRIVAINS

## DU BOURBONNAIS

# DIANNYÈRE et BARJAUD

PAR

## M. Gustave VALLAT

LICENCIÉ ÈS-LETTRES

PROFESSEUR AU LYCÉE IMPÉRIAL DE MOULINS

## MOULINS

IMPRIMERIE DE FUDEZ FRÈRES, RUE DES FAUSSES-BRAIES.

1870

# DEUX ÉCRIVAINS

## DU BOURBONNAIS

# DIANNYÈRE et BARJAUD

PAR

## M. Gustave VALLAT

LICENCIÉ ÈS-LETTRES

PROFESSEUR AU LYCÉE IMPÉRIAL DE MOULINS

# MOULINS

IMPRIMERIE DE FUDEZ FRÈRES, RUE DES FAUSSES-BRAIES.

1870

# DIANNYÈRE

### ET SA LETTRE

#### SUR

# L'AFFRANCHISSEMENT DES NOIRS

### A SAINT-DOMINGUE

Le maréchal de Villars n'est pas le seul grand homme qui ait illustré le Bourbonnais; il en est d'autres qui, sans avoir eu la gloire de sauver la France, ont cependant dans leur sphère, suivant la mesure de leurs forces, servi la patrie, en contribuant au développement intellectuel et moral de leurs concitoyens. Eux aussi honorent à juste titre ce pays si fertile en esprits distingués, en cœurs généreux ! Que de belles intelligences écloses dans le Bourbonnais ont en leur temps brillé d'un vif éclat dans les sciences et dans les lettres ! Antoine Mizauld, médecin et mathématicien, publiciste d'une rare fécondité; Claude Bérigard, professeur de philosophie à Pise et à Padoue, auteur des *Circuli Pisani* publiés en 1643, ouvrage qui a ressuscité la philosophie ionique ou corpusculaire d'Anaxagore; Blaise de Vigenère, traducteur de César, de la 1re décade de Tite Live, du Tasse; Claude de Lingendes et Henri Griffet, sermonnaires estimés; Chabot de l'Allier, conventionnel et tribun, savant jurisconsulte, un des auteurs du Code

civil ; Barjaud, poëte enlevé trop tôt à la littérature, lau-
réat de l'Académie française, auteur des *Origines* de
l'Iliade et de l'Odyssée. Je n'ai nommé que les plus
illustres. Quelques-uns même s'élevant dans la science
de l'âme à l'amour de l'humanité, cette suprême grandeur célébrée par Pascal dans ses *Pensées* sous le nom
de *Charité*, n'ont pas craint, pour améliorer le sort des
hommes et contribuer à leur bonheur, d'aborder les
problèmes les plus difficiles de la science sociale, et ont
donné de cette manière un démenti à ceux qui accusent
d'indifférence les enfants du Bourbonnais. A la tête de
ces nobles cœurs, qui ont vécu et combattu pour une
idée, se trouve Diannyère (Antoine), dont la vie fut con-
sacrée à la recherche de la vérité, à la défense de la justice, à la propagation des principes politiques et religieux
qui affranchissent l'homme, le mettent en possession de
ses droits, l'ennoblissent et le rapprochent de Dieu.

Les documents nous manquent pour donner une biographie complète de Diannyère. Nous essaierons néanmoins, avec les quelques débris que nous avons pu ras-
sembler, de faire revivre cette intéressante figure, et de
tracer un portrait assez fidèle de l'homme, pour qu'on
puisse juger de ses talents et de ses vertus.

Diannyère naquit à Moulins le 26 janvier 1762. Imi-
tant l'exemple de son père, savant médecin qui écrivit
quelques ouvrages appréciés, entre autres *l'Analyse des
Eaux minérales de Bardon*, et des *Considérations sur
la Paralysie des extrémités*, il commença par se faire
recevoir docteur en médecine ; mais entraîné par le penchant de son cœur à la culture des lettres et des sciences

sociales, il aima mieux travailler à l'amélioration et à la
prospérité des âmes qu'à celles des corps. Cette vocation
s'explique : lancé à l'âge de vingt-sept ans dans ce grand
mouvement des idées qui devaient régénérer le monde,
il suivit l'élan de son siècle, qui était aussi celui de sa
nature ardente et généreuse, et il adopta avec enthousiasme les principes de la Révolution. A la création de
l'Institut, il fut nommé membre associé de la classe des
sciences morales et politiques, et composa pour elle cinq
mémoires concernant l'agriculture, le commerce, l'industrie, l'économie sociale : le premier, remarquable
par son argumentation substantielle et sa précision arithmétique, encourageait la culture des terres, et con-
seillait d'abandonner l'approvisionnement des grains à
la liberté du commerce; le second avait pour objet de
mettre en lumière les dangers des lois prohibitives et
réglementaires sur le commerce et l'industrie, et pré-
conisait ainsi la liberté commerciale ; le troisième offrait
une application des principes de Diannyère à la manu-
facture des tapis et tapisseries d'Aubusson et une comparaison de ses produits avant et depuis la Révolution ;
le quatrième traitait du divorce dans ses rapports avec
la population et l'économie sociale; le cinquième consis-
tait dans des réflexions sur la fortune. Diannyère ne dut
pas à la faveur de faire partie de cette savante section de
l'Institut; son seul mérite lui en ouvrit les portes. Dès
1784 il s'était avantageusement fait connaître par un
éloge de Gresset. Bientôt deux œuvres importantes con-
firmèrent l'opinion première qu'il avait su donner de son
talent, et lui concilièrent l'estime et les sympathies des

hommes de progrès et des grands esprits du dix-huitième siècle : en 1788 il traduisit de l'anglais *d'Ottobah Cugoano*, nègre, des réflexions sur la traite et l'esclavage des noirs ; ce travail ne lui fit pas seulement la réputation d'un linguiste, il lui valut encore les suffrages de tous les penseurs et de tous les amis de l'humanité ; car il attirait l'attention publique sur une grande iniquité commise envers une race d'où sortait un écrivain qui montrait par ses pensées et ses sentiments que les noirs, comme les autres hommes, ont une intelligence et une âme capables de perfectionnement. L'année même de la Révolution, Diannyère publia *le Rêve d'un bon citoyen sur les Lois*, un *Code national* et les *Parlements*. Loin de l'enorgueillir, ces succès le stimulent; dans sa modestie, il pense n'avoir encore rien fait de durable, et n'être qu'au premier pas de sa course. Il écrit une notice sur la vie et les ouvrages de Condorcet (1796), et un essai d'arithmétique politique (1799). Mais la mort arrête dans son vol la pensée toujours agissante de Diannyère; et ce travailleur infatigable, dont l'effort était incessant pour faire le bien et pour faire du bien, ne se repose que dans le cercueil (1802).

Ne bornons pas là notre étude de l'homme; pénétrons plus avant : suivons-le dans sa vie privée, dans son commerce familier, dans ses relations choisies. Demandons à ses amis ce qu'il fut : la nature de leur esprit et de leurs talents fera ressortir plus vivement la valeur intellectuelle et morale de l'homme, dans la société duquel ils se plaisaient.

Diannyère eut pour amis intimes deux hommes que

nous connaissons, Condorcet et Garran-Coulon. Le premier, secrétaire perpétuel de l'Académie des sciences, membre de l'Académie française, intelligence supérieure ornée des plus vastes connaissances, honorée par toute l'Europe, était « l'homme de l'ancienne chevalerie et de l'ancienne vertu », suivant l'expression de Voltaire. Le second, député à l'Assemblée législative, membre de la Convention nationale, du Conseil des Cinq-Cents et de l'Institut, aimant sincèrement sa patrie, ardent défenseur de la philanthropie dans la question de l'émancipation des noirs, était un homme éclairé et intègre, connu par ses intéressants rapports aux différentes assemblées dont il fut membre. Ces amitiés jettent un jour nouveau sur l'esprit et le caractère de Diannyère, et suppléent en quelque sorte aux documents qui nous font défaut. Concluons de là que Diannyère fut un homme de conviction sincère, voué au culte de l'honneur, de la justice et de la vérité. L'amitié, en effet, nous ne saurions en douter, est comme la pierre de touche de l'être moral. Rien n'est plus vrai que le proverbe : « *Pares cum paribus congregantur* », on aime à vivre avec ses égaux, j'entends ses égaux d'intelligence et de cœur.

Au reste, la lettre que nous allons voir achèvera de nous faire connaître l'homme. Elle est écrite aux citoyens composant le Conseil des Cinq-Cents, chez le citoyen Garran-Coulon, l'un deux.

Moulins, départ. de l'Allier, 26 vendémiaire,<br>V<sup>e</sup> année. (17 octobre 1796.)

Quand je suis parti de Paris, vous m'avez promis, mon cher Ami et mon cher Confrère, que vous seriez plus exact que par le passé et que vous répondriez à mes lettres. Cependant vous ne l'avez pas fait. Est-ce que vous seriez encore enterré dans vos colonies ? Il me semble que l'on est loin de se bien trouver d'y avoir envoyé des commissaires qui avaient dans le pays des haines et des amitiés. On me l'assure et je n'en suis pas étonné. Il faut qu'un commissaire soit bien convaincu que les grands blancs, que les petits blancs, que la plupart des mulâtres riches sont la plus vile canaille qui existe sur le globe ; mais il ne faut pas qu'ils lui connaissent cette conviction. Il faut qu'il soit aussi convaincu que les noirs ont plus besoin d'être calmés et instruits que de toute autre chose, puisqu'ils ont la liberté et qu'il n'y a que la tranquillité et l'instruction qui puissent les en faire jouir et la rendre durable.

Vous savez tout cela beaucoup mieux que moi ; mais je vous l'écris pour vous montrer que je pense comme vous, et qu'on se rencontre quand on a les mêmes intentions.

Veuillez, mon cher Confrère et mon cher Ami, agréer l'hommage de mon inviolable attachement.

DYANNYÈRE.

Dans l'examen d'une telle lettre, on a peu de chose à dire de la forme ; toute l'attention se concentre sur le fond ; on n'est occupé que de la pensée de l'auteur : la valeur de l'idée fait celle du style. Un mot a peut-être choqué quelques esprits délicats. Disons cependant à l'avantage de Diannyère que ce mot n'est pas aussi grossier qu'on se l'imaginerait ; il se trouve dans les bons auteurs du grand siècle, dans les Fables de La Fontaine, dans les Caractères de La Bruyère, voire même dans un sermon de Bossuet : il est donc littéraire, et l'emploi qu'en ont fait les maîtres dans l'art de bien dire sauve de l'accusation de bassesse ceux qui s'en servent. Il s'agit seulement de savoir s'il est bien appliqué. C'est ce que l'histoire nous apprendra.

Les opinions de Diannyère sont-elles justifiées ? Ses jugements sont-ils conformes à la vérité ? Telles sont les deux questions que nous nous posons. L'examen des faits historiques peut seul les résoudre. Jetons donc une vue rapide sur la première colonisation de Saint-Domingue, et sur ses conséquences.

En 1492, Christophe Colomb découvrit l'île de San-Domingo, nommé primitivement Hispaniola, où il fonda une colonie qu'il appela Ysabella. Pour la faire prospérer, le gouvernement espagnol rendit un décret par lequel il s'engageait à transporter à ses frais *quiconque* voudrait passer à Hispaniola, et à le doter à son débarquement d'autant de terres qu'il s'engagerait à en cultiver pendant quatre ans. A ce don se joignait un lot d'esclaves indiens. C'est le système de colonisation connu sous le triste nom des *Repartimientos*, et dont les effets furent désastreux. Tous les aventuriers, tous les hommes tarés, les malfaiteurs de la pire espèce, des repris de justice, des forçats même s'offrirent avec empressement pour aller établir sur des bases solides à San-Domingo la puissance espagnole : ils se proposaient sans doute de lui donner pour fondement l'ordre et la justice. Tels sont les maîtres honnêtes que la Castille envoya à ces infortunés indiens. Aussi la population native d'Hispaniola fut-elle complètement décimée par le travail des mines et les châtiments barbares que les colons lui infligèrent.

Isabelle abolit alors l'esclavage indigène dans ses colonies, et y fit importer des esclaves nègres dont les Portugais faisaient le commerce sur les côtes d'Afrique. San-Domingo fut même la première colonie du Nouveau-Monde où se commit ce crime de lèse-humanité. La fortune des colons continua donc de s'accroître au prix de la sueur et du sang des nègres, comme elle avait commencé à se former au prix de la liberté et de la vie des malheureux Indiens. A côté de grandes richesses s'en trouvaient d'autres plus humbles, mais non plus honora-

*

blement acquises; car le plus pauvre colon avait aussi
son lot d'esclaves comme son lot d'outils. Chez cette race
impure, les bonnes traditions, comme il est permis de le
penser, se transmirent de père en fils; et lorsque l'Espa-
gne, par le traité de Bâle, signé le 24 messidor 1795,
nous céda la partie de San-Domingo qu'elle occupait,
nous nous trouvâmes en relation avec ces grands et ces
petits propriétaires qui descendaient pour la plupart de
brigands et de galériens. Au sein d'une telle société
d'honnêtes gens étaient comme *enterrés* : ils ne pouvaient compter sur aucun appui, aucun secours, aucun
mouvement de générosité. L'esprit de vie agit difficile-
ment sur des consciences mortes. On comprend alors l'in-
terrogation de Diannyère : « Seriez-vous encore enterré
dans vos colonies? » Cependant il ne faudrait pas croire
que Diannyère fût contraire à cette mission civilisatrice.
Non, il l'accompagnait de ses vœux. Il ne savait pas,
comme notre grand historien, M. Thiers, l'a dit depuis,
que « la France faisait de grandes concessions pour un
avantage bien illusoire »; car il vivait à une époque où
l'on mesurait les desseins plutôt à la grandeur et à la
noblesse de l'entreprise qu'à l'état des affaires et à l'intérêt personnel. Il savait que la France faisait consister
tout le prix de ses efforts et de ses victoires à affermir
les principes de la justice et le maintien des droits de
l'homme. Avantageuse ou non, il approuvait donc la politique désintéressée qu'inspiraient à la France l'amour
de Dieu et l'amour des hommes. Mais il ne se dissimulait
point les embarras sans nombre que suscitaient ces maîtres d'esclaves, qui avaient certainement hérité des vertus

de leurs ancêtres. Voilà les hommes que Diannyère appelle grands blancs, petits blancs, mulâtres, et qu'il qualifie d'un nom dont la justesse ne saurait échapper à personne. Le temps a beau épurer une société, quand la lie d'une nation l'a formée, il en reste toujours quelque chose :

*Sincerum est nisi vas, quodcumque infundis, acescit.*
(HORACE.)

Si le vase n'est pur, tout ce qu'on y verse s'aigrit.

On conçoit que les rapports des commissaires de la République fussent très-difficiles avec la plupart de ces propriétaires dont les singuliers principes de politique et de morale ne s'accordaient guère avec les leurs. Ils ne devaient pas voir avec grand plaisir nos commissaires leur enlever, par l'affranchissement des noirs, leurs propriétés vivantes, précieux instruments de richesse qu'ils employaient à leur gré pour les briser ensuite, lorsqu'ils n'étaient plus en état de servir. Les haines n'étaient pas seules à craindre; les amitiés offraient aussi leurs dangers : la maladresse, un zèle supérieur aux forces, la trahison enfin pouvaient compromettre tout le succès de l'entreprise. Il fallait donc user d'une extrême circonspection, connaître parfaitement tous les nouveaux hôtes, être très-réservé avec les uns dans les relations amicales, se tenir sur la défensive avec les autres, s'en défier, sans toutefois le leur laisser voir; car leur puissance était redoutable. D'un autre côté, celle des nègres ne l'était pas moins. C'est ce que Diannyère fait entendre, lorsqu'il dit avec raison : « Il faut qu'un commissaire soit aussi convaincu que les noirs ont plus besoin d'être calmés et instruits que de toute autre chose, puisqu'ils ont la liberté, et qu'il n'y a que la tranquillité et l'instruction qui puissent les en faire jouir et la rendre durable. » En effet, des sentiments divers se partageaient l'âme de ces esclaves rendus subitement à la liberté. La joie de se voir débarrassés de leurs fers, et de se sentir en possession d'eux-mêmes ; la crainte d'être joués par ceux mêmes qui les affranchissaient (car les Français aussi, il faut bien le dire à notre grand regret, établis dès 1630 à la Tortue, petite île située à deux lieues de la grande, et en 1664 dans la partie ouest de San-Domingo, avaient adopté le système espagnol des *repartimientos*, approuvé la traite des nègres, et mis en pratique pour eux-mêmes l'esclavage des noirs) ; l'ardent désir enfin de venger les misères de leur longue servitude sur leurs maîtres, leurs irréconciliables ennemis, agitaient le cœur de ces malheureux, et pouvaient les pousser à commettre de graves excès, à employer la violence, à user de cruelles représailles, pour inaugurer et garantir leur indépendance.

Dans un tel état de choses où toutes les passions, comme les fumées du vin, troublaient le cerveau, où l'ivresse morale faisait vaciller la raison, le calme était nécessaire pour fortifier ces âmes affaiblies et comme ruinées par la servitude. Diannyère a bien compris que la liberté civile sans la liberté morale est éphémère, et plutôt nuisible qu'utile ; que l'une doit s'étayer sur l'autre pour être durable et féconde ; car si la liberté est la puissance de choisir et de vouloir, il faut, pour faire un bon usage de la liberté, savoir choisir et vouloir le bien ; or, cette connaissance et cette volonté ne peuvent s'acquérir que par le développement de la réflexion et du

jugement, par la culture du sentiment moral et religieux, enfin par le perfectionnement de la raison, ce
soleil des esprits. Telles sont les richesses que procurent
l'éducation et l'instruction, et Diannyère veut qu'on en
fasse présent à ces pauvres esclaves qui sont appelés à
être *des hommes*, c'est-à-dire des êtres raisonnables,
sachant se dominer, mûrs pour la liberté morale dont
la liberté civile n'est que la manifestation.

Ainsi, cette lettre sur l'affranchissement des noirs,
outre qu'elle nous fait connaître la pénétration d'esprit
et la justesse de vue dont Diannyère était doué, nous
éclaire sur la situation véritable de la colonie française
de Saint-Domingue, dans ce grand moment de crise sociale où la France libre assurait au dehors, comme elle
l'avait fait au dedans, le triomphe de la lumière toujours
favorable à la grandeur et à l'amélioration de l'humanité.

Mais si Diannyère écrit à son confrère et ami Garran-
Coulon, ce n'est pas que sa position l'y contraigne, ni
qu'il veuille se poser en maître donnant des leçons d'économie politique ; car, dit-il, « Vous savez tout cela beaucoup mieux que moi ; mais je vous l'écris pour vous montrer que je pense comme vous, et qu'on se rencontre,
quand on a les mêmes intentions. » Il cède donc uniquement-
ment au penchant de son cœur : il a besoin de commu-
niquer à un ami, qui peut beaucoup comme homme politique pour la cause sacrée du droit et de la justice, ses pensées et ses sentiments ; comme un Pascal ou un Vauvenar-
gues, il épanche le trop plein de son cœur. Sa nature ne
lui permet pas de demeurer indifférent aux douleurs des
humbles et des faibles : leurs misères le touchent et

l'émeuvent profondément. S'il ne peut contribuer personnellement à la réhabilitation sociale de cette race mise si injustement au ban des nations, du moins il a besoin d'approuver ceux qui, comme lui, ont reçu de Dieu en partage la bonté, c'est-à-dire la disposition à incliner la force devant la faiblesse.

On sent que les forces vives de l'Evangile et de la liberté ont agi puissamment sur l'âme de Diannyère, l'ont affermie et la soutiennent dans son espérance de félicité universelle pour le genre humain ; car elle semble bien convaincue de cette grande vérité, que devant Dieu tous les hommes sont égaux, qu'il n'y a ni maîtres ni esclaves.

Tel est l'homme que le Bourbonnais a vu naître, et dont nous regrettons de n'avoir pu donner qu'une bien faible idée. *Il a travaillé à l'affranchissement des nègres :* c'est, à nos yeux, son plus beau titre de gloire. Il a voulu qu'on les instruisît, pour les rendre nos égaux non-seulement en liberté, mais encore en intelligence, pressentant l'unité primitive des races humaines que les recherches récentes sur l'origine commune du langage devaient nous révéler : « Le premier pas en arrière, dit Asa Grey, dans son ouvrage intitulé *Recueil naturel en harmonie avec la théologie naturelle (natural selection not inconsistent with natural theology),* nous montre le nègre et le hottentot comme étant de notre race et de notre sang ; et si cette parenté répugne à notre orgueil, la raison et l'Ecriture l'admettent ».

Esprit judicieux et pénétrant, caractère ferme et résolu, cœur droit et généreux, Diannyère aura sa place parmi les amis de l'humanité.

# LES POÉSIES

DE

## Jean-Baptiste BARJAUD

Dans ce siècle de sciences positives, de vérité pure, on ne s'occupe guère des poëtes. C'est chose trop légère, trop ailée, trop idéale. On prête à peine l'oreille aux plus grands, on se reprocherait de donnner quelques instants à de plus humbles. Cependant, quand on trouve les poésies d'un jeune homme qui n'a fait que paraître en ce monde, et dont le nom n'est répété que par un faible et lointain écho, il est bon de les examiner, afin d'en apprécier l'auteur à sa juste valeur, encore plus peut-être pour ce qu'il eût pu produire, si sa carrière eût été plus longue, que pour ce qu'il a produit. C'est le devoir du critique sincèrement ami de la vérité. C'est souvent une justice et un hommage à rendre à une intelligence supérieure prématurément éteinte, à une âme vive et harmonieuse dont la lyre s'est brisée avant le temps. J'ai eu entre les mains deux œuvres poétiques d'un enfant du Bourbonnais, Jean-Baptiste Barjaud, une brochure intitulée *Poésies nouvelles ou les premiers essais d'un jeune*

*littérateur*, et *les Origines de l'Iliade et de l'Odyssée* suivies de fragments *d'un poëme sur Charlemagne,* et de quelques poésies diverses. Je les ai lues, et je ne croirai pas avoir perdu mon temps, si je réussis à mettre en lumière, comme il le mérite, ce jeune homme à qui il n'a manqué que de vivre un peu plus pour se créer un nom dans les lettres.

Aujourd'hui qui connaît Barjaud? Cependant il a composé quelques ouvrages dignes d'attention ; mais il est promptement sorti de la mémoire, par ce qu'il n'a fait qu'une ébauche, et qu'un travail fini est nécessaire pour la renommée. Rappelons-nous néanmoins qu'il est mort à l'âge de vingt-huit ans, au printemps de la vie, où les fruits commencent à naître et n'ont pas toute leur saveur; s'il eût vu l'été, il nous en eût donné de plus mûrs et de plus suaves. La biographie de Barjaud est courte : *poëte et soldat,* il a chanté et combattu. C'est donc dans ses poésies et sur le champ de bataille qu'il faut étudier l'homme: telle est la scène où il déploie son cœur. Barjaud naquit à Montluçon, le 28 novembre 1785; heureusement doué, il fit d'excellentes études. De bonne heure la faculté poétique s'éveilla spécialement en lui et prit une grande extension; le langage des muses devint le sien ; ses pensées se pressèrent aux pieds nombreux de la poésie. Aussi très-jeune encore composa-t-il sur Homère un poëme plein de grâce et d'élégance qui lui valut le suffrage des hommes les plus distingués. Par là il donnait à entendre qu'il ne forçait pas son talent, et qu'il obéissait à l'impulsion de sa nature. Collaborateur de M. de Cormenin il fit une comédie en vers, *le Bavard et l'Entêté*, qui fut représentée à l'Odéon. Il chanta la gloire de nos armées dans des odes à la France, sur le passage du mont Saint-Bernard, où la vivacité des images et des sentiments, l'accent passionné, l'enthousiasme lyrique faisaient présager un nouveau Lebrun. Comme tous les esprits supérieurs, Malherbe, J.-J. Rousseau, Mirabeau, ont fait pour donner de la force et de la précision à leur pensée, de la souplesse et de l'exactitude à leur style, il s'exerça à traduire des auteurs latins, Sénèque, Juvénal, Claudien : il s'accrut même les difficultés en essayant de les rendre en vers ; mais l'activité intellectuelle ne lui suffisait pas, il avait besoin de pratiquer la maxime du philosophe : « *Vivere militare est.* » Vivre c'est combattre. » Homme d'action, résolu à défendre sa patrie, après un prix remporté à l'Académie française pour *une ode sur la naissance du Roi de Rome*, il demanda du service au ministre de la guerre en 1812 : il obtint l'épaulette de sous-lieutenant, composa un poëme sur l'incendie de Moscou, poëme malheureusement perdu, se distingua à la bataille de Bautzen, et mourut de la mort des héros, à Leipzig, le 18 octobre 1813, tué par un boulet. Qui du poëte ou du soldat fut le plus grand dans ce jeune homme?

*Les premiers Essais d'un jeune littérateur* contiennent cinq pièces de poésie, une épitre aux femmes, le chant lyrique d'un guerrier de l'armée de Witikind, une ode sur le fanatisme, un poëme sur le caractère des trois règnes de la nature, et un autre sur le génie. Ce volume est de 1805. L'époque s'y réflète ; on y sent quelque

chose de cette grandeur majestueuse qui caractérise
notre épopée réelle si merveilleusement commencée par
la Révolution française, continuée par le Consulat,
achevée par l'Empire, et où nos armées jouaient le rôle
des héros antiques ennoblis par l'esprit moderne. On
s'était habitué à l'héroïsme des idées et des actions ; il
semblait que le langage ne dût pas être au-dessous : de là
dans les œuvres d'art une pompe continue, parfois exa-
gérée, une grandeur méditée, une élégance quelque peu
apprêtée, une trop grande abondance de mots à effet.
Mais sous cette enveloppe d'un sublime de convention
se trouvent souvent des pensées simples et fortes aux-
quelles la passion vraie et généreuse communique l'ardeur et l'enthousiasme. Les *Essais* de Barjaud ont ces
défauts et ces qualités. On peut même fixer le temps où
il les a conçus, au moment du rétablissement de l'ordre
dans toutes les parties de l'administration, et de la réor-
ganisation de la discipline dans l'armée par le premier
Consul. L'équerre et le compas sont visibles dans la com-
position des poésies de Barjaud : il y a un ordre, une
discipline admirables ; pas le moindre écart de la règle,
pas la moindre variété dans la marche et dans la coupe
des vers. Ils ont une allure martiale : c'est un régiment
sous les armes, qui se meut avec ensemble, opère ses
évolutions avec une précision toute mathématique, et
défile gravement au pas.

Mais cette uniformité est compensée par les qualités
personnelles de l'auteur, un esprit hardi, une imagination
vive, une grâce et une chaleur naturelles, une admiration sincère pour le génie, un sentiment vrai de la nature

humaine. Il ne faut pas s'arrêter à la forme pour juger
Barjaud : chez lui le goût n'est pas encore formé. Il faut
considérer sa pensée : elle vient plus souvent du cœur que
de la tête : par là se distinguent ses poésies. Il a pu faire
des vers faibles: c'est affaire d'art. Ne l'oublions pas
« le cœur seul est poëte », comme l'a dit avec raison
André Chénier.

Pour mettre tout d'abord son ouvrage sous le patro-
nage des Grâces, Barjaud le dédie aux femmes. Dans une
épître faite en leur honneur et dont il a donné lecture au
sein d'une assemblée publique, avant de réciter le chant
lyrique d'un guerrier de l'armée de Witikind, que nous
allons examiner, il leur demanda leur encouragement
pour l'œuvre virile qu'il a entreprise, sachant bien
qu'une lyre molle et douce n'est pas seule capable de les
charmer :

> Un pinceau délicat, des objets gracieux,
> Un brillant coloris, une touche légère
> Ont de tout temps fixé vos regards ;
> Mais lorsque des tableaux d'un mâle caractère
> Vous montrent la nature et sans voile et sans fard,
> Et dans une attitude imposante et sévère,
> La vigueur, je le crois, peut prétendre à vous plaire.

Barjaud apprécie la femme trop souvent méconnue
et lui rend justice. Si la nature semble l'avoir faite pour
la gaieté, elle sait être sérieuse à l'occasion et prendre sa
part d'une œuvre mâle et solide. « Une femme qui pense,
fi donc ! autant vaut un homme qui met du rouge. La
femme doit rire, toujours rire ; cela suffit à sa noble mission sur la terre. » (Lessing, drame d'*Emilie Galotti*,
acte IV.) Mais cela suffit-il aux aspirations de son âme ?

Barjaud ne le croit pas. Aussi sollicite-t-il des femmes leur précieuse approbation pour un grave sujet. Et ce n'est point par pure amabilité; car il les en juge dignes : il voudrait leur dérober quelque chose de leur sentiment fin et délicat qui touche et pénètre.

L'ode d'un guerrier de l'armée de Witikind est sans doute un morceau détaché de ce vaste poëme en vingt chants sur Charlemagne, dont Barjaud avait tracé le plan. Cette ode placée dans la bouche d'un Saxon ne fait pas disparate avec les coutumes de ce peuple. Barjaud s'est strictement conformé au caractère de la nation germanique dont Tacite nous a tracé un fidèle portrait : « *Sunt illis hæc carmina quorum relatu quem* barbitum *vocant, accendunt animos, futuræ que pugnæ fortunam ipso cantu augurantur* », ils ont des chants qu'ils nomment *bardit*; ils les répètent ensemble pour enflammer leur courage, et ces chants mêmes leur servent à augurer du sort du prochain combat. » Ce chant, Barjaud l'accentue fortement dans la bouche de son guerrier : il sort bien de l'âme énergique et fière d'un Saxon qui respire la vengeance. La haine contre Charlemagne, le ravageur de ses terres et le ravisseur de sa liberté, se traduit en lui par des images vigoureuses qui obsèdent le souvenir :

> ...... Noirs corbeaux, vautours au bec retors
> Paraissez, bientôt sur ces bords
> Le glaive destructeur doit promener sa rage,
> Couvrir la campagne de morts
> Et préparer pour vous le banquet du carnage.

A travers ce style âpre on sent l'âme implacable d'un Saxon digne émule de Witikind qui s'opposa avec tant de persistance aux envahissements de son pays. Ne conseillez pas à ce guerrier de se soumettre : caractère invincible, il s'échappe en menaces et en imprécations même contre le ciel :

> Je me ris de la mort, et j'affronte ses traits ;
>     Non, non, je ne tremblai jamais.
> Je te verrais, Odin, sur moi lancer ta foudre,
>     A ta fureur j'insulterais,
> Oui, je te braverais, même en tombant en poudre.

Dans ce chant je vois autre chose que l'expression de la haine contre Charlemagne ; je vois une leçon de modération dans la puissance donnée aux conquérants par le poëte sous le personnage de cet indomptable Saxon. Après sa glorieuse campagne d'Egypte, après tant de victoires en Italie, après le 18 brumaire, Bonaparte seul maître de la République était sur le point d'être proclamé empereur, et encouragé par cette série de succès il se préparait à accroître ses triomphes, à étonner le monde par son courage et son génie, ne prévoyant pas que la fortune pût l'abandonner. Il semble que cette ode soit un avertissement pour le vainqueur des Pyramides et de Marengo, une intuition de l'avenir, comme il arrive aux poëtes d'en avoir dans leur ardeur prophétique. La vérité est d'autant plus saisissante que ce sont ces mêmes Saxons, nos alliés d'un moment, fidèles à la vieille haine de leurs pères contre les Français, qui nous ont fait défection et se sont rangés au nombre de nos ennemis les plus acharnés dans cette fameuse bataille des nations livrée à Leipzig en 1813, et où le poëte inspiré tomba lui-même. L'ode sur le fanatisme est un peu dans le goût de

l'époque, c'est dire que le ton en est généralement emphatique. L'auteur prend son sujet de trop haut. Il fait
tout ce qu'il peut pour s'échauffer, et il a recours aux
grands mots qui sonnent mais qui n'émeuvent pas.
Cependant des souvenirs littéraires et historiques don-
nent quelque solidité et quelque couleur à la pièce.
Ainsi trois vers au début rappellent quoique imparfaite-
ment les beaux vers de Lucrèce sur le fanatisme :

> ........ Humana..... cum vita jaceret
> In terris, oppressa gravi sub relligione
> Quæ caput a cœli regionibus ostendebat
> Horribili super aspectu....., etc.

> Terrible, il porte dans les cieux
> La farouche fierté de sa tête difforme :
> Sous le poids de son corps l'univers est foulé.

L'expression dont Virgile se sert pour peindre la Renommée « *Caput inter nubila condit monstrum* » a
heureusement inspiré Barjaud quand il dit :

> Le monstre dont le front se perd dans les nuages.

Après Voltaire, il a eu tort de parler du massacre de
la Saint-Barthélemy ; la comparaison serait loin d'être
favorable à notre poëte. Mais il se relève avec avantage,
lorsqu'il nous transporte par la pensée dans le Nouveau
Monde, au milieu des champs d'Haïti, théâtre de tant de
persécutions impies exercées par les Espagnols au nom
même de la religion :

> Sur les champs d'Haïti mes yeux se sont fixés :
> Là se sont réunis tous ces peuples sauvages
> Qui par le fer en lambeaux dispersés
> De leurs membres sanglants ont couvert ces rivages.

Barjaud a essayé de caractériser en vers les trois règnes
de la nature, le règne animal, végétal et minéral. Ce

n'est pas un poëme didactique : il n'en a ni les conditions
ni les prétentions. C'est une simple esquisse, une pure
fantaisie où l'imagination brillante et variée de l'artiste
se joue agréablement. Nous assistons à des scènes de
panorama ; une suite de tableaux où le coloris ne le cède
pas à la lumière se déroule à nos yeux : aux cimes de mon-
tagnes escarpées ou sur un fond tapissé de verdure parais-
sent tour à tour les animaux les plus divers : le cerf et le
chevreuil, le sanglier, le serpent, la girafe, l'éléphant ;
puis les fleurs se montrent dans leur parure, le bluet, la
pensée, l'œillet, la jonquille ; les plantes exotiques leur
font cortége. A quelque distance nous apercevons pour
ainsi dire en compagnie le cygne, le paon, la tourterelle,
le milan et l'aigle. Tout à coup surgissent les bêtes féroces
rassemblées par l'homme et contraintes à vivre sous ses
lois, le tigre, la hyène, le lion. Plus loin les cristaux :

> Prismes éblouissants, pyramides brillantes,
> Dessinent avec art leurs angles colorés ;
> Là l'on voit les rubis, les saphirs azurés,
> Le riche diamant, etc.....

La présence subite de Daubenton dans le tableau de
minéralogie nous révèle le lieu de la scène. C'est une des-
cription du Jardin des Plantes. Vous en seriez-vous
douté ? avez-vous reconnu les parcs et les parterres, les
oiseaux étrangers et leurs demeures, les cages et leurs
aimables hôtes, le museum d'histoire naturelle ? La
vie dans sa simple et forte réalité circule au Jardin des
Plantes ; on la voit, on la sent dans chaque objet,
chaque arbuste, chaque être ; elle ne circule pas dans le
poëme de Barjaud. Tout y brille, tout y est nuancé, rien

ne s'y meut et n'y respire. Les qualités dominantes et essentielles des genres et des espèces ne sont pas rigoureusement accusées. On n'y sent pas dans leur simplicité les énergies de la nature toujours agissantes. La force poétique y manque ; car la force vive des choses seule la produit. Barjaud n'a donc pas caractérisé les trois règnes de la nature : il les a légèrement esquissés ; l'imagination a fait tous les frais et prêté ses couleurs au sujet.

Dans son poëme sur le génie, Barjaud salue les grands hommes de l'antiquité et des temps modernes, non pas qu'il se croie digne de frayer avec eux et de se mêler à leur noble compagnie, comme Dante aux quatre divines ombres d'Homère, Horace, Ovide et de Lucain. Barjaud connaît ses forces : ce sont celles d'un jeune homme. Il doit rester à l'écart, agir avec prudence et sagesse ; et il en fait preuve. Il se contente de s'incliner de loin devant eux : une étoile peut pâlir sous les feux du soleil. Mais il sent la puissance du génie, et il ne peut s'empêcher de s'émouvoir au souvenir d'Homère et de Virgile, *poëtes souverains*, de Démosthène et de Cicéron que l'amour de la patrie a faits si éloquents, de Tacite, grand peintre s'il en fut jamais, dont le talent n'a eu d'égal que le courage. Il admire La Fontaine dont

> La muse en souriant folâtre avec les Grâces ;

Bossuet dont :

> ...... La voix
> Du néant des grandeurs entretenait les rois.

Corneille, Racine, Voltaire unis dans l'immortalité ; Rousseau dont la sensibilité intime pénètre les cœurs ; Buffon qui a sondé les entrailles de la nature, Descartes, l'homme de la pensée pure ; Newton et Laplace dont l'esprit a mesuré l'univers et fixé les lois fondamentales qui le régissent. Ce penchant à l'admiration était chez Barjaud l'indice d'une âme élevée que la supériorité du génie impressionnait fortement, et qui par cela même était capable de grandes œuvres, si la mort n'eût pas arrêté son essor.

Mais c'est surtout d'Homère que Barjaud est épris ; ce n'est pas seulement chez lui une inclination littéraire et artistique ; c'est une affection réelle. Il nous le montre clairement dans le poëme qu'il lui a consacré. Il ne l'aime pas tant pour avoir peint l'homme et la nature en traits immortels, pour avoir décrit la frugalité des mœurs primitives et la simplicité de la société antique, que pour avoir représenté d'une manière si vive, si passionnée, si attachante ces célèbres combats de l'Iliade entre les héros grecs et les héros troyens. Je soupçonne un peu Barjaud d'aimer Homère comme Alexandre et Napoléon lui-même l'ont aimé, *en guerrier*. Leur âme belliqueuse était fascinée par ces peintures guerrières où dans le choc et l'ébranlement des bataillons, au milieu des traits qui volent de toutes parts, revivent la valeur d'Achille, de Patrocle, d'Ajax et d'Hector.

Ce poëme sur les origines de l'Iliade et de l'Odyssée fut publié en 1811. La simplicité y manque, défaut grave quand il s'agit d'une peinture homérique. Il offre dans son ensemble une élégance qui contraste parfois singulièrement avec les mœurs simples, grossières, barbares même de l'antiquité, si bien reproduites par Homère. Barjaud représente *le poëte de Chios* conduit par la déesse de la Beauté sur les ruines de Troie, pour ressusciter par son génie créateur les générations éteintes, Ilion détruite, les guerres passées, les héros ensevelis dans leur sépulcre. Il se rend ensuite, toujours sous la conduite de la déesse, aux Enfers et aux Champs-Elysées pour en tirer le sujet de l'Odyssée. Cette seconde partie trop écourtée n'est pas en rapport avec la première; les proportions ne sont pas gardées : l'unité en souffre. On le voit, c'est l'Iliade qui captive le cœur de Barjaud. Aussi quelle étendue il lui donne ! Elle remplit à elle seule tout l'ouvrage. Comme il se plaît à en retracer les combats! Dans un siècle de luttes gigantesques, comme celui de l'empire où la voix du canon domine toutes les autres, où l'air est en feu et l'univers aux prises, on n'en est pas étonné. Ecoutez plutôt :

> Aux armes ! la trompette résonne.
> Contre les bataillons les bataillons s'avancent ;
> Plus loin les chars rivaux l'un sur l'autre s'élancent ;
> Les rapides coursiers se heurtent : sous leur pas,
> Gémissent écrasés d'intrépides soldats.
> Ils repoussent le fer qui vient de les abattre,
> Ils tombent sous le fer qu'ils cherchent à combattre.

Cependant, tout en aimant les batailles, Barjaud a des moments où la sérénité douce et calme du poëte se réveille en lui ; le portrait qu'il trace d'Homère est remarquable par la délicatesse des traits et la touche molle et tendre des tons :

> . . . . .On dit qu'à l'univers
> Enfant il s'annonçait en bégayant des vers ;
> On dit qu'à son berceau les muses assistèrent,
> Que des flots d'un miel pur les muses l'abreuvèrent ;
> Qu'une blanche colombe, au moment qu'il est né,
> D'un immortel laurier trois fois l'a couronné,
> Et que déjà d'un Dieu reconnaissant l'empire,
> Ses doigts harmonieux s'essayaient sur la lyre.

Quant à son poëme sur Charlemagne, nous ne pouvons en juger que par les fragments qui nous restent. La plupart des scènes sont froides et languissantes : ce sont des copies un peu pâles de quelques tableaux de maître comme la Renaissance nous en offre. Il semble que Barjaud ait demandé bon nombre de ses inspirations à *l'Orlando furioso*. Les preux et galants Renaud, Roland, Roger, le brave Rodomont nous sont familiers : l'Arioste nous a appris à les connaître. Ils vivent dans le roman du poëte italien, vrai miroir de la chevalerie ; ce sont des morts dans les fragments de Barjaud. Ceci s'explique par les temps. Nous avons cessé de prendre intérêt aux prouesses des paladins : l'enthousiasme de la fable a fait place à celui de la vérité. Barjaud le sent comme nous ; aussi reste-t-il froid, malgré tout le mal qu'il se donne pour animer ses personnages. A notre époque on ne croit plus aux miracles d'une épée magique comme la célèbre *Durandal;* on croit aux miracles des idées. Il faut laisser à l'Arioste ses créations : elles vivent et elles nous charment dans son poëme, parce qu'elles sont de leur siècle.

Dans le premier chant, un vers m'a frappé par sa vérité simple ; il m'a rappelé la pensée de Fénelon et de Bossuet sur l'humanité dans l'héroïsme :

Le devoir des héros est d'être généreux.

L'homme, en effet, si grand qu'il soit, ne doit jamais oublier qu'il est homme. Notons ce vers ; il vaut à lui seul tous les autres.

Il paraît qu'au commencement de ce siècle on avait

encore le goût de la pastorale. L'*Aminta* et le *Pastor Fido* ont toujours eu des disciples. Barjaud en était un. Il y a en lui du Florian. Son neuvième chant présente un épisode assez touchant il est vrai, mais un peu fade, comme les églogues du dix-septième et du dix-huitième siècle. Charlemagne fatigué de chevaucher se repose dans une prairie ; à quelques pas est assise une jeune bergère,

> La quenouille modeste occupant ses loisirs
> Semble borner ses soins ainsi que ses désirs ;
> Sous ses doigts délicats, humectés par sa bouche,
> S'allonge un fil léger qu'avec grâce elle touche,
> Et l'agile fuseau que fait tourner sa main
> Monte, descend, remonte et blanchit sous le lin.

Voilà certes des vers jolis et coquets qui font penser aux Estelles. Bientôt Charles reconnaît, dans cette bergère effarouchée par la présence d'un guerrier, sa fille qu'un amour imprudent a fait fuir loin du palais paternel. Charles lui apprend qui il est. « Mon père ! » s'écrie la jeune fille,......., « un nom si doux m'est-il permis encore ? » Elle lui demande le pardon de sa faute :

> Pourra-t-il refuser le pardon qu'elle espère ?
> Rotrude est à genoux, et Charlemagne est père.

Il y a dans ces vers quelque chose de délicat et de senti qui fait oublier la fadeur et le genre faux de cette pastorale.

Parcourez les poésies diverses de Barjaud : sa muse vous sourira toujours. Elle a cela d'heureux qu'elle n'attriste pas ; elle a beau vous conduire sous les sombres voûtes de l'hôtel des Invalides, au milieu de ces vieux soldats dont le corps mutilé n'est plus qu'une ruine, et vous montrer les tristes débris des batailles, son ardeur réchauffe et ranime. Elle fait ressortir, comme il convient, la figure mâle et intrépide de ces braves. Vous voyez là, dans sa réalité, sans orgueil et sans faste, au service de la patrie, le stoïcisme de ces âmes simples qui n'ont que peu d'idées, mais qui, s'y attachant fortement, arrivent à d'incroyables conceptions d'énergie. Entendez les vœux d'une de ces âmes :

> Oh ! si mon corps glacé n'était courbé par l'âge,
> J'irais, j'irais encor, prodigue de mon sang,
> Sous les drapeaux de Mars, combattre en vieillissant ;
> Oui, je suivrais encor un chef tel que le nôtre ,
> Et privé de ce bras, je combattrais de l'autre.
> Je trouverais la mort, mais je mourrais vainqueur :
> La tombe des guerriers doit être aux champs d'honneur.

Puis la muse du poëte devient tout à fait sereine : elle a des idées riantes, des inspirations enjouées, telles que celles-ci dans une épître à Eglé :

> Bacchus qui de lierre couronne sa tête,
> Remplit d'un doux nectar la coupe de l'Amour
> Et l'Amour vient l'offrir à sa double conquête.
>    Avec la brillante liqueur
>    La gaîté rit dans la fougère
> Et semble s'exhaler de la mousse légère
> Qui répand devant vous son parfum séducteur,
> Pétille, monte et fuit aux bords du verre.

La muse du poëte n'est pas toujours exempte de malice ; avec une grâce charmante elle décoche ses traits sur la coquette surannée :

> ..... Ce frais incarnat
> Vous ne le voyez qu'en peinture.
> Ses doigts, avec légèreté ,
> Placent le lis près de la rose ,
> Et par degrés naît sa beauté
> Sous le pinceau qui la compose.

. . . . . . . . . . . . . . . . . . . . . . .
> Zéphir, zéphir n'approche pas
> De sa fraîcheur trop passagère ;
> De peur de souffler ses appas
> Retiens ton haleine-légère.
> Hélas ! un baiser lui fait peur !

Un souffle de **Démoustier** a passé par là.

J'ai hâte de finir. Quand il s'agit de poésie, on craint toujours d'abuser. Barjaud nous est connu : il était né poëte ; il avait un culte pour l'art, il aimait sincèrement le beau et le vrai. Mais il eut le malheur de paraître à une époque où la poésie avait passé des livres dans les faits et dans la vie réelle. Les bulletins de la grande armée, voilà quels étaient les récits de la véritable épopée. Dans ces temps-là, il y a peu de poëtes ; on a besoin non de paroles mais d'actions sublimes. Dans des moments de crise sociale, à moins d'avoir l'inspiration d'un Tyrtée, de quelle utilité peuvent être les poëtes, *ces beaux poüsseurs de sentiments*, comme les appelle Bayle ? Barjaud a compris cette nécessité de l'époque, et le premier il a quitté la plume pour prendre l'épée ; idée généreuse qui l'a précipité dans la mort ! L'arbre qui se développait si bien et qui promettait de si beaux fruits a été coupé dans sa racine, et la sève était arrêtée qu'elle n'avait pas encore atteint toute sa vigueur. Barjaud est mort trop tôt. Il n'a pas eu le temps de se former et de s'épurer le goût. Il a subi l'influence de son siècle. Au reste, il est si difficile d'y échapper ! Plus tard, éclairé pas la raison, il eût laissé à d'autres le langage apprêté, le ton emphatique, les expressions pompeuses, le sublime de convention. Il eût tempéré la fougue de son esprit,

modéré son imagination, discipliné, *assagi* pour ainsi
dire sa muse, gagné en force vraie ce qu'il aurait perdu
en vaine grandeur, étudié la nature de plus près, et parlé
comme elle, *simplement*. Néanmoins il nous reste de
Barjaud une œuvre interrompue par la mort : « *pendent
opera interrupta.* » Cette œuvre n'est pas sans mérite :
elle parle en faveur de ce jeune homme qui n'a fait que
passer dans la vie. On voit par ces débris épars, où on
trouve çà et là une touche fine, délicate, gracieuse,
qu'une âme d'artiste avait commencé la construction.
La mort de Barjaud à Leipzig projette sur ce monument
inachevé un rayon de poésie qui l'embellit. Elle prouve
que l'ardeur de l'ouvrier était sincère : il est mort pour
la défense de la patrie ; c'est une gloire bien douce de
laisser un travail incomplet dans un but pareil : « *Dulce
et decorum est pro patriâ mori.* »

Moulins — Imp. de Fudez frères.

www.ingramcontent.com/pod-product-compliance
Lightning Source LLC
Chambersburg PA
CBHW061649060726
47597CB00005B/2090